VOLUME 9

O EXPENSALISMO

OBSTÁCULOS PARA UM GOVERNO

A EXPENSAS DO OUTRO

PRIMEIRA EDIÇÃO

Carlos L. Partidas

quimicor2@gmail.com

DEDICATÓRIO

Para os seres humanos inteligentes e capazes da Terra

CONTEÚDOS

RECONHECIMENTO

A toda a energia que anima toda a
Seres Vivos da Terra

1

EXPENSALISMO

Um expensalista (à custa do outro) é aquele que, para poder agir, se alimenta ou vive à custa das ideias dos outros. O expensalista não tem um dogma sobre o qual se basear, nem uma forma de ação própria, porque realmente sofre de dislexia mental. Sua doutrina básica é o expensalismo. E este é um viés cognitivo, que não permite que as pessoas que o sofrem possam ver-se a si mesmas. E, em alguns casos, a maioria desses expensalistas nem sequer sabe que esses problemas nos afetam, e eles apenas marcham para frente porque vêem os outros fazendo isso.

Mas essa atitude é parte de um caráter inato da personalidade, então vai ser muito difícil para essas pessoas descobrirem a si mesmas, ou mesmo para outros descobrirem. E esta condição, é claro, será um problema bastante complexo de resolver por meio da ajuda psicológica, pois supõe-se que para poder mudar esta adequação de forma consciente, o primeiro passo a ser dado é precisamente ser capaz de se reconhecer a si mesmo. Mas os expensalistas não o fazem, porque não sabem que têm esse viés cognitivo. E ao tentar falar com eles, seria como explicar a um louco as causas de sua loucura, porque eles não vão conseguir entender isso.

São uma espécie de pessoas que vivem mentalmente no seu próprio mundo de impossibilidade. São desajeitados, e percebem os fenômenos do mundo, apenas à sua maneira; ou como acreditam que a sociedade é, mas não contribuem com nada para melhorá-la. De tal forma que, para eles, os outros estarão sempre errados, porque acreditam que o mundo é realmente como o vêem. Não podem ser criativos, mas têm uma capacidade espantosa de copiar ou imitar qualidades daqueles que consideram possuidores de uma certa habilidade, que não possuem. E se não conseguem, porque não sabem como fazê-lo, tentam adquirir com o equivalente em dinheiro, a capacidade dos outros, para que esses outros, façam o trabalho que não são capazes de fazer, ou resolvam um problema que para eles é complexo. E eles colocam à sua disposição todos os meios e recursos, de modo que quem quer que eles considerem pode alcançá-lo, se sente confiante e confortável em sua tarefa, pelo menos durante a solução do caso, que para o expensalista é algo extremamente complexo. E eles sempre consultar os especialistas, porque eles não têm a capacidade de canalizar a solução do problema através da lógica. E os expensalistas não sabem como abordar uma determinada estratégia.

Eles sempre apresentam uma incapacidade mental, mas tentam não provar. E a tudo o que eles consideram confuso, eles querem dar uma explicação científica, quando em algum grupo, eles pegam um ou um que eles consideram que não vão se opor aos seus argumentos. E esses problemas científicos que eles acreditam que podem dominar corretamente, eles adornam suas exposições com um toque especial, para melhorar os seus supostos dons de sabedoria.

E compram as idéias dos outros; mas uma vez que conseguem o que querem, chutam e ameaçam para que não as traiam, porque de agora em diante não querem saber mais sobre quem fez o trabalho para eles. E assim, tentam apagar a evidência, para demonstrar que foram eles que contribuíram com a ideia. E eles sempre terão que ir atrás de outros especialistas, para que eles possam se sustentar com sua deficiência mental, porque os expensalistas não são capazes de alcançar as coisas por si mesmos.

Geralmente são pessoas que amam o dinheiro; e compram a inteligência dos outros, porque nem querem reconhecer a capacidade dos outros. Só aquele que adquiriram com dinheiro. E para não reconhecer os capazes, inventam de alguma forma a falsidade, de alguma forma, para prejudicar aqueles que realmente os ajudaram a obter suas conquistas.

E os expensalistas estão se fechando em círculos de poder, para não perder suas posições; ou como forma de salvaguardar privilégios que realmente não merecem. E eles orgulhosamente levantam uma falsa atitude de realização alcançada por algo que eles não conseguiram por conta própria. Porque eles agem apenas por instinto. São humanóides ou seriam como a transição, se o fizessem, entre um animal e um ser humano inteligente.

E há um grande número dessas pessoas, porque até vocês terão a oportunidade de ir reconhecê-las. E você terá muitas delas, porque estão ao seu redor. Mas eles não poderão ler este livro, porque para eles, este livro não tem valor. De qualquer forma, esse conhecimento também é relativo. E outros expensalistas só verão alguns atos e ações de outros expensalistas, expondo eventos, onde o grande gênio brota e é transfigurado. E por meio de um discurso estúpido, eles se envolvem na história, mas a partir desse labirinto cronológico não poderão sair, porque nem sequer conhecem a primeira estrofe do hino nacional.

Os expensalistas querem aproveitar o conhecimento dos outros, e copiar exatamente a imagem dos outros, para se mostrar diante dos outros, com o que eles não conseguem alcançar sozinhos. E quando instruem grupos, fogem para transmitir o que os outros copiaram, como se fosse a sua ideia. E, ao mesmo tempo, eles estrategicamente selecionar esses grupos, porque aqueles escolhidos por eles devem ter menos valor cognitivo. É por isso que, na maioria das vezes, os expensalistas se tornam professores primários. Porque há muitas crianças lá, e haverá uma oportunidade única para ser capaz de dar ordens. Mas, geralmente, muito poucos têm um fim para educar ou formar a criança.

Assim, essas pessoas vão formar e participar em grupos, em que há outros com um baixo nível intelectual, porque ao fazê-lo dentro dessa categoria, eles podem expressar o que copiaram de outros sem receber objeções. E o que eles copiam, eles podem enunciar com grande habilidade e graça, porque eles sabem que estes grupos de menor intelecto pode lisonjeá-los e reconhecê-los como gênios.

Mas quando estão diante de um grupo mais avançado, ficarão calados, porque os expensalistas sabem bem que não tolerariam as objeções, ou aquelas perguntas que não poderão responder. Muitos tomam notas e aprendem-nas, mas escondem a fonte, porque vão expor a ideia copiada como se fosse deles. Então eles não reconhecem a pessoa que emitiu a idéia. Mas será uma idéia que os expensalistas não serão capazes de materializar, porque eles não sabem como fazer isso. Eles aprenderam apenas a idéia, e, dolorosamente para eles, sempre por trás da idéia, geralmente tem que vir conseqüentemente um objetivo, ou ação que vislumbre a idéia.

E para expressar o que copiaram dos outros, constrangem a boca e levantam as sobrancelhas lançando um pouco a cabeça para trás. Porque aquele que propôs a idéia, só a disse com as palavras que emanavam de seu pensamento, mas no fundo da idéia, um objetivo está implícito; e, geralmente, aquele que propõe uma idéia, ou que entende uma razão, é aquele que sabe realizar o que é proposto.

E para os expensalistas, a imagem copiada ou a idéia, eles conseguem fazer com que pareça sua para poderem se sustentar, e se sentem bem dotados, porque talvez precisem desse elogio e reconhecimento que não conseguem obter. Dizem aos outros com detalhes surpreendentes o que devem fazer; mas quando alguém lhes pede que tentem fazer o que propõem, não sabem como o fazer. E voltam-se novamente para o especialista para encontrar uma solução, e a coisa mais certa é que eles não vão entender isso também, e desta forma eles arranham suas cabeças, e sempre vivem confusos em suas mentes, sem propor uma idéia de sua própria.

Então eles vêm e vão de um lugar para outro, ou para algum vazio, porque não podem ou não têm a capacidade de imaginar, de poder associar ideias através do pensamento analítico. E quando tiverem dinheiro, vão ter essa idéia de alguma forma, que depois de serem adquiridos, assumem como sua própria criação, porque atribuíram um preço a essa idéia. E a compram com o valor equivalente de dinheiro. E só por isso, a idéia já lhes pertence. E é a propriedade deles, porque eles a compraram.

E muitas dessas pessoas vêm à minha imaginação: líderes comunitários, aspirantes a cargos políticos, ministros do governo ou reverendos de uma igreja. Mas eles realmente não sabem que com essa atitude de expensalistas, eles podem causar grandes danos à administração de uma revolução, a uma igreja, ou mesmo à coexistência da raça humana. Porque a verdade é que essas pessoas infelizmente existem, e é muito difícil descobri-las ou descobrir nelas essas aparências cognitivas.

Alguns e outros tornam-se arrogantes, isto é, porque não podem executar as idéias, recuam fugindo para frente, mas não sem antes, tentarão prejudicar moralmente e com mentiras a quem puder, como forma de sair do caminho. E assim se tornam falsos, presunçosos e maus críticos.

E os expensalistas são também os nepotistas típicos, porque alguns ocupam posições importantes em algum ministério, e para não perder seus privilégios, nomear um membro da família, que geralmente tem que ser também um expensalista, para que eles sejam capazes de enviá-lo, e assim conseguir, que este parente ocupa uma posição importante, mas que esta posição é estratégica para que eles sejam capazes de expandir seu grau de domínio. Uma faixa de influência que eles também não podem medir, porque não têm capacidade de saber até onde esse limite pode ir. Então, eles praticam um egoísmo que também não tem fim.

Os expensalistas das altas posições adoram quando são lisonjeados. Eles ficam satisfeitos quando os anunciam com a fanfarra de uma trombeta, e você tem que recebê-los bem; e se possível, faça uma reverência a eles quando eles passam, ou fique de pé quando eles chegam. Porque se você não fizer esses gestos de reverência a eles, eles ficam ofendidos. E estão saboreando delicadamente apenas uma pequena porção do grande banquete. E a bebida para eles não pode ser igual à dos outros, porque a deles tem de ser exclusiva. E as bebidas de mais anos, serão deles. Mas quando os outros influentes partirem, só restarão os do seu círculo de influência; e entre eles a grande embriaguez será desencadeada, e o que eles realmente são emergirá deles, porque a bebida alcoólica é a única coisa que consegue afastá-los de sua auto-absorção ou presunção. Podem até chorar durante a embriaguez, a frustração causada pelo seu expensalismo.

E tentarão ocupar as posições mais influentes e importantes, que podem não ser necessariamente as de um governo, mas também da alta posição de uma oposição; ou, por exemplo, de uma igreja. E aqueles abaixo não serão iguais a eles, mas seus súditos. E graças a essa capacidade de se esconderem facilmente ou de serem sorrateiros, eles são vaidosos; isto é, eles falam demais, mas sem nenhum sustento. E se eles trabalham como simples mecânicos de uma ferrovia, eles dizem que foi por causa deles que toda a ferrovia e as estações foram projetadas e construídas junto com as ferrovias. E capturam habilmente entre os usuários do nível mais baixo, para dizer-lhes que era agradecimentos a eles que o trem existe.

Mas talvez os expensalistas existam, juntando uma lista com uma maior quantidade de qualidades, mas estas são piores e mais perigosas que as inúteis, porque é fácil descobrir as inúteis pela sua falta de destreza; mas não os expensalistas, porque não participam diretamente no trabalho, mas só dão as ordens, para que outros as executem. Eles realmente não sabem como fazê-lo.

E eles conseguem com grande habilidade para adotar uma atitude de grande bondade e delicadeza ou doçura em suas palavras, diante daqueles que podem atribuir-lhe alguma posição importante, porque com uma voz suave, eles facilmente enganar aquele que concede a posição. Mas quando o que lhes concede o cargo está ausente, começam a falar aos outros sobre as fraquezas de quem lhe atribui o cargo, porque consideram que está ocupando um cargo que não merece; mas que eles, como expensalistas, podem executar melhor este cargo. Mas os expensalistas gostariam de ocupar todas as posições ao mesmo tempo. Porque eles gostam de dar ordens para que sejam fielmente obedecidos. E quando alguém os refuta, eles ficam furiosos, como tensionar e pular com as pontas dos pés e apertar bem os dentes e os punhos. Os seus olhos estão brotados e arredondados. Ou emitem um tremor estrondoso com as suas queixadas, e muitas vezes mostram palidez no rosto e brancura nos lábios. E tornam-se cinzentos.

E querer tirá-los daquele mundo será uma tarefa difícil. Porque eles são "tão ricos de cidades" ou arrogantes; e querem ser dominantes, pois só eles acreditam ser os únicos, e portanto são os que merecem o reconhecimento dos outros. São louros.

Mas talvez os expensalistas deixem um "caminho estreito" para entrar em seus mundos, na medida em que admiram aqueles que vêem terem alcançado um grau que não conseguirão alcançar. Ainda que, mais tarde, esses expensalistas possam ocupar posições, das quais cuidarão ciosamente, para que os que têm as idéias não se aproximem, pois nos expensalistas há medo de que alguém mais qualificado do que eles possa deslocá-los de suas posições. E é por isso que eles permanecem protegidos por mentiras, porque, como dissemos, são falantes sem cimento.

E, em geral, os expensalistas podem ser bem sucedidos nos negócios, pois não são criadores, nem arriscam muito. E se o negócio funciona por conta própria, eles nem vão perceber como ele o faz. E pagam para que alguém os administre. E se o negócio cresce e vai bem, eles dizem que é por causa deles. Mas se o negócio vai mal, eles culpam o gerente. E eles gritam com a incapacidade do outro. Mas também se alguém gerencia seu negócio com boas estratégias, isso pode gerar suas grandes fortunas, que por sua vez alimenta-los como uma bola de neve seu expensalismo. E eles vão ter um iate, mas não importa que eles não têm uma praia, mas tem que ser o melhor iate, e eles estacioná-lo no apartamento em frente de sua casa, só para saber que eles têm um iate. Para o deleite que sentem, quando outros vêem que só eles podem ter um iate. E eles só querem ter um iate, porque isso dá-lhes um glamour.

E os expensalistas só tentam dominar o mercado mundial. Mesmo que seja possível comercializar no planeta Marte ou em qualquer outro planeta em que possam pensar, porque não conseguem discernir entre o real e o impossível. Bem, eles só querem seguir em frente, sem pensar nos outros, ou naqueles que não têm nada, nem mesmo algo para comer.

E os expensalistas usam qualquer estratégia enganosa para, de alguma forma, criar suas fortunas efêmeras; e isso pode ser através de uma empresa fantasma ou que não seja real. E para conseguir isso, eles criam o mercado de ações, onde têm a oportunidade não de criar nada, mas de ganhar dinheiro. E com isso, podem encontrar uma extravagância, como uma empresa petrolífera que é um fantasma. E esta empresa vende petróleo. Mas a empresa não tem petróleo, porque eles só colocam as ações da empresa fantasma no mercado de ações. E eles não entregam o petróleo negociado, porque a entrega do petróleo é para o futuro. Mas o futuro não virá também, e, portanto, o sucesso da grande empresa petrolífera, porque o que eles vendem não é um bem real.

Eles são os espíritos cujos pensamentos estão invertidos, e é por isso que eles têm que se tornar expensalistas, porque o Universo está indo bem e no caminho certo. E há também aqueles que seguem corretamente essa realidade do Universo. Enquanto que os expensalistas podem passar toda a sua vida agindo assim, e voltam convencidos de que só eles têm razão. Mas eles se alimentam dela, um grande conflito social, porque os que têm razão não se deixam roubar o poder, seja ele político ou econômico, e o dão aos expensalistas, porque os que não são expensalistas entendem que os expensalistas não saberão como lidar com a situação.

Mas, de qualquer maneira, é bom observar que essa atitude superficial dos expensalistas são as ações que enriquecem, por assim dizer, e fortalecem ainda mais os critérios dos espíritos que podem pensar corretamente.

Talvez o que melhor funcione para tirar o expensalista de seu mundo seja a hipnose, desde que o psicólogo ou hipnotizador não tenha o mesmo viés expensalista, porque conheço vários psicólogos que a têm. Em tal maneira, que aqueles que desejam dirigir o hypnosis, têm que ser aqueles que sabem realmente o apontar, a fim identificar estes povos, que pouco a pouco serão os que se permitirão ser conduzidos à realidade, que o mundo pode ser visto de outras perspectivas, ou que no mundo, há muitos povos pobres, que têm que ser ajudados, de modo que cada bem adquirido tenha um valor mais grande, e somente nesta maneira será possível obter o lisonjeiro sincero que os expensalists procuram.

Mas alguns terão observado que estas pessoas são tidas em conta, mas depois de termos incorrido numa grande insistência. No entanto, depois do que foi acordado de manhã, à tarde esqueceram-no e voltam ao seu estado de desconfiança, porque estão indecisos. E continuarão a refletir sobre um vazio; ou convencidos de que o mundo é exatamente como o vêem. E que, para eles, os errados são os outros. Então, temos realmente que ter o que muitos chamam de paciência para poder interagir com os expensalistas.

E os expensalistas terão que subir para cima para chegar a um ponto de transição, assim como as moléculas de água se transformam em vapor da superfície de um lago.

Mas paradoxalmente, apesar de não poder ocupar as posições mais altas, muitas vezes os mais humildes são os mais fiéis. E são em número como a água que permanece líquida no lago; e são os mais obedientes que mais contribuem para a nobre causa; por exemplo, de uma igreja, ou de um governo; e são os que apoiam a igreja ou o governo com mais força e dedicação. Mas os expensalistas com sua habilidade também enganam, e muitas pessoas humildes defendem fervorosamente os expensalistas. Talvez porque não saibam, ou porque também são expensalistas que esperam que um dia também eles possam ocupar esses altos cargos.

2

NA POLÍTICA, A OPOSIÇÃO NÃO É PARA SE OPOR

O expensalismo é o que ajuda a criar uma injustiça coletiva ressentida, e dali surgem os grandes conflitos sociais que nunca terminarão, até que se forme uma única casta de Seres conscientes e inteligentes. E para conseguir isso, precisamos formar uma nova sociedade, para que, ao mesmo tempo, uma nova humanidade seja formada física e energeticamente.

E os expensalistas chamam o democrata como ditador, porque falam de liberdade, mas para possuir sua liberdade de oprimir os outros. E se eles eram pobres, mas conseguiram sair de um estado de pobreza, então eles desprezarão aqueles que ainda são pobres. E com suas fortunas acumuladas, os expensalistas procuram e pagam bem a outros expensalistas, para alcançar seus objetivos, e expandir seu domínio sobre os outros. E assim se manterá vivo um grande conflito que nunca acaba, porque é alimentado por um ato ilícito que provoca uma luta perene entre duas classes diferentes. Mas essa luta só terminará quando houver apenas uma classe social.

E disse Bertrand Russel: "O problema com o mundo é que os ineptos têm certeza de tudo, enquanto os capazes vivem cheios de dúvidas".

Mas o mundo, e a grande preocupação de todos, é que esses "pensadores" expensalistas têm sido a causa da maior tragédia, que tem causado a divisão da raça humana. E tudo aconteceu, desde o momento em que o conhecimento caiu nas mãos dos expensalistas, e eles viram a oportunidade de fazer um lucro econômico. Ou seja, nas mãos daqueles que absorvem o conhecimento dos outros, para usá-lo apenas para ações perversas, ou com o único objetivo de ganhar dinheiro vendendo seus armamentos letais. Mas com isso, arrastam e varrem, juntos como um vade-mécum com essa tragédia, todos os seres vivos, para uma das maiores desgraças que qualquer civilização causou na Terra.

E os expensalistas amam a política, porque a participação na política lhes dá a oportunidade de governar, e suas ordens podem ser obedecidas por um coletivo. E há uma grande oportunidade para fazer um discurso; ou para lidar com uma falsa retórica com grande habilidade, porque eles podem andar de um lado ao outro para se vangloriar, e ser capazes de mostrar seus talentos oratoriais, por meio de um harangue que aprenderam, mas não podem imaginar, porque não têm em sua mente, como expensalistas, nenhum objetivo traçado. E se não o conseguem, mas têm muito dinheiro, porque o adquiriram através da corrupção, podem influenciar para gerar um conflito nacional, mas usando mentiras, para esconder por meio da chantagem, a origem de sua decomposição.

Mas eles não planejam uma estratégia razoável, por exemplo, para ganhar votos em um jogo onde prevalecem as normas democráticas e o Estado de Direito. Porque, como a ciência ofusca as religiões, a humanidade deve necessariamente criar as regras que regem a convivência; mas essas regras devem ser respeitadas por todos, para que uma sociedade possa coexistir. Mas os expensalistas, geralmente aplicam uma estratégia ao contrário, para conseguir os votos. E só vivem no momento em que são devidos, sem poder ir da esquerda para a direita no panorama dos acontecimentos. Ou seja, que os expensalistas carecem de uma visão de futuro ou imaginária; de acuidade mental e são apenas ventiladores como cães. Não planejam mentalmente, porque não podem ter imaginação; portanto, também não podem ser visionários, para poder imaginar como será ou como chegar ao que uma sociedade quer ser. E andam com os dedos dos pés, porque querem parecer diferentes dos outros.

Também neste caso da política, os expensalistas são os que provocam os grandes conflitos sociais, porque os expensalistas causam um grande descontentamento social, pois lhes falta um enraizamento, uma lealdade para consigo mesmos, por isso não se importam com uma distinção política. Então, eles podem estar no governo sem concordar com o governo, porque eles só estarão do lado que determina o cuidado de seus interesses. Em outras palavras, os expensalistas de ambos os lados são desavergonhados. E de lá, eles participam de um lado ou do outro, independentemente dos motivos ou das razões para as lutas sociais.

E para resolver essas incertezas, os verdadeiros líderes, que podem ter e trazer uma estratégia para redirecionar e reordenar todo esse conflito causado pelos expensalistas, apresentam-se ou chegam. Mesmo esses líderes não se importam com o dinheiro, e não atribuem nenhum valor a suas fortunas, por maiores que sejam, como fez Simón Bolívar. Ou enquanto escrevo isto, recebi um e-mail da Fundação Bill & Melinda Gates, o que significa que você também tem que reconhecer a generosidade de Bill Gates para querer compartilhar sua fortuna através de uma fundação que atende principalmente crianças e pessoas doentes com poucos recursos.

Mas quando os expensalistas virem que o líder conseguiu restabelecer a ordem, tentarão novamente assumir a administração, porque pensam, e estão completamente seguros, que são os melhores, e os únicos que podem fazer melhor. E se tudo está bem, eles entenderam que a oposição é para se opor, e eles prejudicam tudo, porque de alguma forma, eles são os únicos que podem fazer as coisas bem. E vão recorrer a todo o tipo de truques ou enganos, para fazer o mundo ver que a culpa é de quem fez as coisas bem. Porque eles são os expensalistas que sabem tudo. E isso pode parecer uma paródia para preencher este livro, mas acontece que é uma situação real, e é isso que alimenta os conflitos entre os seres humanos.

Em alguns países, é erroneamente chamado de governo, o grupo de pessoas que gerem os recursos do Estado. E, o nome correto é administração. E governo significa o grupo que administra. Mas o sentido do significado foi tomado como alguém que intimida ou intimida com um chicote de comando.

Mas a palavra oposição também não é para se opor, porque na política, o que se quer dizer com a palavra oposição, ou seu verdadeiro significado, é que a administração ou gestão, por sua vez, faz melhor que a gestão anterior. De tal forma que obriga os eleitores, para que eles possam escolher o melhor, ou que eles escolham corretamente aquele que lhes provar, que podem administrar melhor os recursos que pertencem a todos.

Mas muitos entendem que a oposição é se opor, e se voltam para idéias opostas como verdadeiros expensalistas. Em outras palavras, falam mal de quem está dirigindo a administração atualmente, usando estratégias baseadas em mentiras e ofensas. Ou escondem bens básicos, como alimentos e medicamentos, numa tentativa de dobrar a maioria. E o que eles acreditam que o outro governo fez bem, então eles tentam destruí-lo, porque a idéia dos expensalistas, é se opor a tudo, para captar a admiração e o voto de 50% da população que também é expensalista.

Ou recorrem a estratégias que são apenas de natureza psicológica, como o ódio e a xenofobia, numa tentativa de ganhar admiração. Mas querem sempre ganhar. E se isso não funcionar para eles, então eles se voltam para outros expensalistas, que também têm muitas armas e dinheiro, porque esses expensalistas conseguiram proteger melhor o que adquiriram como expensalistas. Esse ódio induzido assegura sua dominação, mas já está de forma incontrolável ou global, porque como dissemos, os expensalistas não têm fronteiras, e podem implantar seus domínios e ambições, já que não podem prever o grande dano que causam à humanidade. Porque realmente não sabem, porque são expensalistas.

Mas como amam a política, não fazem uma carreira científica, mas uma profissão em que não é preciso pensar muito. E o cientista não quer saber nada de política, porque só está intoxicado pela ciência.

E os expensalistas não são capazes de entender que a oposição não significa realmente se opor, mas fazer as coisas melhor do que a outra administração. Por exemplo, se um governo constrói 5 escolas, e o outro que não é expensalista se opõe à virada de sua administração; e para se opor, aquele que não é expensalista constrói, ao invés de 5 escolas, 10 escolas; para isso, demonstre que é um melhor administrador, ou que tem a capacidade de saber que a melhor maneira de liderar uma nação, é educar sua população, por causa dessa oposição positiva, agora a nação terá ao invés de 5, 15 escolas.

Mas quando for a vez da administração para um expensalista, teremos escolas zero, porque como expensalista, ele se opõe, e não constrói nenhuma escola. E como não foi ele quem construiu as 5 escolas, o expensalista acredita que a melhor maneira de fazer uma oposição é destruir as 5 escolas que a outra administração construiu. E não haverá mais escolas, porque ele não as freqüentou, pois não as construiu e, portanto, conseguiu destruí-las. Agora a nação, além das escolas zero, terá uma centena de obras inutilizadas pelos expensalistas.

E os expensalistas se escondem entre uma administração e outra, causando grandes danos a ambas administrações, e podem, por exemplo, criar hiperinflação, porque como expensalistas, sua única esperança é tornarem-se milionários, mas não importa que com esses milhões não possam comprar nada, porque os expensalistas não sabem que o valor de todos os bens é relativo. Mas são apenas expensalistas. E como o valor relativo dos bens afeta o poder de compra da maioria, principalmente o dos mais pobres, é claro que os expensalistas acreditam que este é o caminho certo para se tornarem novamente os administradores.

E os expensalistas, esbanjam os recursos das nações, porque não sabem como administrá-los, mas acreditam que são o governo; mas não com o termo correto de gestores, mas que podem perseguir ou intimidar com sua punição. E tanto quanto eles podem, eles o destroem, e não têm nenhum outro caso a não ser entregar a administração. Mas quando a outra administração chega e consegue colocar tudo de volta em ordem, eles querem assumir a administração pela força. E se o fizerem de forma legal, então destruirão novamente o que a nova administração conseguiu pôr em ordem; mesmo o ódio pode ser tão alto que atacam e destroem, algo que não faz sentido como é, que de bater contra o ornamento.

E isso parece ser como uma história feita para ser culpada por uma certa administração, mas é realmente o que causa o grande fracasso de uma civilização que consegue se autodestruir. Uma vez, por exemplo, tive a oportunidade de observar um administrador que conseguiu colocar uma grande nação em ordem. Ele não interveio em guerras. E na transferência de comando, o administrador de saída deu ao administrador de entrada alguns livros, onde foi especificado, e ele lhe disse isso, que ele lhe deu um excedente de 750.000 milhões de dólares. Mas o novo administrador, como um expensalista, queria dar essa conta, mas a única coisa que ele viu foram guerras, e causou à grande nação um déficit de 750 bilhões de dólares. Em outras palavras, o expensalista, como novo chefe dessa administração, causou um gasto de 1.500.000.000 milhões de dólares para essa nação. Mas, além disso, ele deixou seu país mergulhado em uma guerra contra todos. Ele deixou o mundo como um campo de batalha. E uma civilização com essas características, verdadeiramente que não será capaz de se sustentar por muito tempo.

Mas outra das coisas mais lamentáveis é que, precisamente, não saberemos se esses expensalistas alguma vez perceberão que são expensalistas. Bem, como já dissemos, é como tentar explicar a um louco a origem de sua loucura. Ou porque a conexão energia-corpo nem sempre vai acontecer como esperado; e em alguns há uma grande confusão a este respeito. Mas no caso oposto, se nos encontramos ou encontramos com alguém que não é um expensalista, mas um líder, estamos imersos em uma verdadeira empatia, com aquelas pessoas que vêem as coisas do mesmo ponto de vista. E não por acaso, esses grandes amigos são da mesma profissão. Tais como músicos, por exemplo, ou aquelas congregações religiosas eufóricas. E porque o expensalismo é relativo, mesmo que mostrem esse desejo coletivamente, muitas vezes quando são deixados sozinhos, os expensalistas voltam à sua condição. Mas não sem antes, convencidos de que são eles os que merecem ocupar as posições mais altas na igreja. E se não conseguem, então encontram sua própria igreja à parte.

Alguns fazem com que as fileiras da igreja não sejam alcançáveis pelo comum, porque os mais altos cargos os mantêm sob absoluto zelo e sigilo. E quanto a um governo, há círculos impenetráveis de poder. Pois estes assentos são reservados para os mais honrados; e eles o cedem apenas aos que são mais expensalistas; ou, numa igreja, aos que contribuem social e economicamente para "a nobre causa de sua igreja". Mas eles se certificam, de alguma forma, de serem os pastores da vida, e ficam no topo da pirâmide, de modo que nunca abandonarão seu primeiro lugar. Pensa-se que as guerras do Oriente Médio se alimentam, porque quando um profeta morreu, não deixou um sucessor em seu lugar.

Mas se fosse uma nação governada por expensalistas, eles elaboram leis que preservam apenas seus interesses, e colocam nas posições-chave da administração, outros expensalistas de confiança, como o Ministro da Fazenda, o Chefe do Tesouro ou o Presidente do Banco Central. E serão postos de vida, porque cuidam para que esses pontos-chave não sejam submetidos a um processo de votação. E com suas leis, eles se isentam de seus crimes; ou até mesmo providenciam para eles. Porque mesmo que não cometam crimes, porque deveriam fazê-lo, os expensalistas só vêem crimes, guerras e inimigos em toda parte em suas mentes vazias. E assim, esse medo os faz prever a punição desses crimes antes de cometê-los, porque já estão preparados, ou se necessário. Porque em suas mentes, só há a defesa cautelosa de seus interesses, se alguém ousou levá-los embora. E formam uma verdadeira monarquia.

E os grandes conflitos mundiais são criados apenas pelos expensalistas da Terra. Mas o problema mais circunspecto seria saber, por que os seres humanos agem assim? E esse livro poderia ser mais extenso, mas a idéia é que seja um resumo dos oito livros anteriores, porque a humanidade, na verdade, não pode continuar nesse caminho do expensalismo, mas tem que ser uma convivência muito agradável e alegre entre todos os seres que habitam a Terra.

SOBRE O AUTOR

LICENCIADO PELA FACULDADE DE QUÍMICA, FACULDADE DE CIÊNCIAS DA UNIVERSIDADE CENTRAL DA VENEZUELA, COM FORMAÇÃO EM TECNOLOGIA QUÍMICA. PÓS-GRADUAÇÃO EM CIÊNCIA E TECNOLOGIA DE ALIMENTOS. TRABALHO ESPECIAL SOBRE A QUÍMICA DOS PRODUTOS NATURAIS E A QUÍMICA DAS DOENÇAS. ESTUDO DA COSMOLOGIA E DA ORIGEM DA ENERGIA ESPIRITUAL.

O EXPENSALISMO